BEI GRIN MACHT SICH IHR WISSEN BEZAHLT

- Wir veröffentlichen Ihre Hausarbeit,
  Bachelor- und Masterarbeit

- Ihr eigenes eBook und Buch -
  weltweit in allen wichtigen Shops

- Verdienen Sie an jedem Verkauf

Jetzt bei www.GRIN.com hochladen
und kostenlos publizieren

Bibliografische Information der Deutschen Nationalbibliothek:

Die Deutsche Bibliothek verzeichnet diese Publikation in der Deutschen National-
bibliografie; detaillierte bibliografische Daten sind im Internet über http://dnb.d-
nb.de/ abrufbar.

Impressum:

Copyright © 2019 GRIN Verlag
Druck und Bindung: Books on Demand GmbH, Norderstedt Germany
ISBN: 9783346010001

Dieses Buch bei GRIN:

https://www.grin.com/document/496847

Maria Beyer

Unterschiede in Wahlsysteme in demokratischen Staaten. Inwiefern unterscheiden sich die USA und Deutschland?

GRIN Verlag

GRIN - Your knowledge has value

Der GRIN Verlag publiziert seit 1998 wissenschaftliche Arbeiten von Studenten, Hochschullehrern und anderen Akademikern als eBook und gedrucktes Buch. Die Verlagswebsite www.grin.com ist die ideale Plattform zur Veröffentlichung von Hausarbeiten, Abschlussarbeiten, wissenschaftlichen Aufsätzen, Dissertationen und Fachbüchern.

Besuchen Sie uns im Internet:

http://www.grin.com/

http://www.facebook.com/grincom

http://www.twitter.com/grin_com

Wahlsysteme in demokratischen Staaten

Inwiefern unterscheiden sich die
Wahlsysteme in den USA und Deutschland?

Maria Beyer

Inhaltsverzeichnis

1 Einleitung

Im Zusammenhang mit den vergangenen Wahlen in den USA und teils unverständlichen Vorgängen im Weißen Haus und der Tatsache dass ich jetzt mit 18 Jahren wahlberechtigt bin, finde ich es wichtig, die verschiedenen Wahlsysteme zu verstehen. In den nachfolgenden Ausführungen stelle ich die Unterschiede der Wahlsysteme in den USA und der BRD gegenüber. Dabei werde ich auch auf geschichtliche Ereignisse eingehen, die zur Entstehung der Verfassungen und der demokratischen Staatsformen beigetragen haben. Denn in der amerikanischen Verfassung und im deutschen Grundgesetz wurden bereits die grundsätzlichen Regelungen der Wahlsysteme und die Machtverteilung innerhalb des Staates verankert. Außerdem möchte ich mich konkret mit der Legitimität der beiden Wahlsysteme befassen, um dann zu vergleichen, wie die Verfahren zu einer amerikanischen und deutschen Wahl ablaufen. Es sollen gleiche und unterschiedliche Eigenschaften dargestellt werden. Zum besseren Verständnis ist die grundsätzliche Beschreibung beider politischer Regierungssysteme wichtig und Teil dieser Arbeit. Diese beschränkt sich hier jedoch auf die jeweiligen Wahlsysteme auf Bundesebene, da die weitere Betrachtung auf die darunter liegenden Ebenen den Rahmen der Arbeit überschreiten würde. Ein weiterer Aspekt wird der Föderalismus sein, der in beiden Staaten eine besondere Rolle im demokratischen System spielt. Der Bezug zu den ursprünglichen Verfassungen wird dabei hergestellt. Auch die Möglichkeiten der Bürger, sich an den Wahlen zu beteiligen, wird erklärt. Am Ende werde ich eine Bewertung abgeben, um eine Antwort auf die Frage zu finden, welches System aus heutiger Sicht demokratischer erscheint.

2 Geschichte der USA

Die Geschichte der USA beginnt mit der Besiedlung Nordamerikas durch Europäer und der Bildung von Kolonien, die sich von Ost nach West ausbreiteten. Im Siebenjährigen Krieg (1756-1763) kämpften englische Kolonisten gemeinsam mit britischen Soldaten gegen Frankreich[1]. Am Ende des Krieges im Jahre 1763 schlossen die Staaten in Paris Friedensverträge. London setzte sich das Ziel, die amerikanischen Kolonien neu zu organisieren und erließ das Verbot, westlich der Appalachen zu siedeln, um weitere Auseinandersetzungen mit den Indianern zu vermeiden. Eine Folge des Krieges war die hohe Steuerbelastung der Kolonien, da z. B. die Kolonisten Waren an die Franzosen schmuggelten und die hohen Kriegsschulden die Briten schwer belasteten. Um diese abzubauen, erließ die britische Regierung zahlreiche Steuer- und Zollgesetze, wodurch eine unverhältnismäßig hohe finanzielle Belastung der

---

[1] Vgl. Emmerich, Alexander: Geschichte der USA, 2008

Bürger der Kolonien entstand. 1765 besagte zum Beispiel das Steuermarkengesetz (Stamp Act), dass jedes Schriftstück von rechtlicher Bedeutung besteuert werden sollte[2].

Der Unmut der Siedler wuchs stetig. Als Reaktion auf die o. g. Direktiven, die stets ohne Beteiligung der Betroffenen von der britischen Regierung formuliert und in Kraft gesetzt wurden, fanden in den Jahren 1770-1773 mehrere Boykottversuche gegen britische Waren statt. Ein gutes Beispiel dafür ist die „Boston Tea Party". Bei dieser Protestaktion verkleideten sich Bostoner Bürger als Indianer und warfen große Mengen Tee von Schiffen ins Hafenbecken, um die Zahlung der Teesteuer zu verhindern. Der Wunsch nach Unabhängigkeit von der britischen Krone wurde immer größer. 1776 erschien das Flugblatt „Common Sense", worin Thomas Paine alle Argumente für die Unabhängigkeit der amerikanischen Kolonien festhielt. Dann am 4. Juli 1776 kam der Tag, an dem sich die 13 englischen Kolonien in Nordamerika in einer Declaration of Independence für unabhängig erklärten.[3]

Bis heute wird in jedem Jahr der 4. Juli als Independence Day in den USA gefeiert. Die Verfassung der Vereinigten Staaten von Amerika wurde maßgeblich von ihrem späteren ersten Präsidenten George Washington entworfen und gilt mit einigen Änderungen auch heute noch.[4]

3 Die Präsidialdemokratie der USA

"The executive Power shall be vested in a President of the United States of America."[5] Diese Festlegung in der Verfassung der USA deutet bereits auf die starke Rolle des Präsidenten hin, der indirekt vom Volk gewählt wird. Es gibt in den USA dennoch eine klare Gewaltenteilung, die aus drei Institutionen besteht: Legislative, Executive und Judikative. Die Legislative wird vom Parlament wahrgenommen, die Exekutive von der Regierung und die Judikative vom obersten Gerichtshof, der in den USA Supreme Court heißt, und anderen Landesgerichten. Die Aufgabe der Legislative ist es, Gesetzesentwürfe einzubringen. Die Exekutive setzt die Gesetze durch. Die Judikative interpretiert Gesetze bei der Verhandlung individueller Verfahren. Das Parlament heißt hier Kongress. Dieser besteht aus zwei Kammern, dem Repräsentantenhaus, in dem die Abgeordneten vertreten sind, und dem Senat, der durch die Senatoren repräsentiert wird. Jeder Bundesstaat stellt unabhängig von seiner Größe oder Einwohnerzahl zwei Senatoren.

---

[2] Vgl. Baumgärtner, Ulrich et al.: Zeit für Geschichte, 2018, S. 22-23
[3] Vgl. Baumgärtner, Ulrich et al.: Zeit für Geschichte, 2018, S. 34-36
[4] Vgl. Emmerich, Alexander: Geschichte der USA, 2008 S. 43
[5] Vgl. Washington, George et al.: Art. II Absatz 1 Verfassung der USA, 1787

An der Spitze der Regierung sitzt der Präsident, der mit sehr vielen Befugnissen ausgestattet ist. So kann er zum Beispiel vom Kongress vorgeschlagene Gesetze mit einem Veto ablehnen. Der Kongress muss dann mit 2/3-Mehrheit die Rückweisung des Präsidenten aufheben, um das Gesetz durchzubringen. Der Präsident hat allerdings aufgrund mangelnder Fraktionsdisziplin nicht automatisch die Mehrheit der Abgeordneten hinter sich[6]. Verträgen mit anderen Staaten muss der Senat mit 2/3 der Abgeordneten zustimmen. Somit beteiligt sich auch der Senat bei der Exekutive. Das Kabinett besteht aus den engsten Beratern und Vertrauten des Präsidenten, die er nach Belieben berufen kann. Die Minister heißen in den USA Secretary, was bereits eine enge Beziehung zum Präsidenten ausdrückt. In dem demokratischen System der USA bestehen einige Besonderheiten. Der Vizepräsident gehört sowohl der Exekutive (Regierung) als auch als Präsident des Senats der Legislative an. Eine besondere Rolle nimmt zudem der Supreme Court (Oberster Gerichtshof) ein. Er entscheidet zum Beispiel, ob Gesetze verfassungskonform sind. Durch die unterschiedlichen Befugnisse der drei Institutionen soll eine ausgewogene Verteilung der Machtverhältnisse gegeben sein. Dadurch wird eine Machtkonzentration verhindert und führt zu eher dezentralen Strukturen. Als Konsequenz daraus ist aber eine gegenseitige Kooperation erforderlich, um in der Regierung handlungsfähig zu sein. [7]

4   Geschichte der BRD

Die historische Betrachtung soll an dieser Stelle mit der Gründung der BRD im Jahr 1949 nach dem verlorenen zweiten Weltkrieg beginnen. Die Neugestaltung des deutschen Staates wurde in dieser Phase maßgeblich von den alliierten Siegermächten bestimmt. Im westlichen Teil taten dies die USA und im östlichen Teil die Sowjetunion. Ihr gemeinsames Ziel war, keine Machtkonzentration und kein Machtmissbrauch durch das Staatsoberhaupt zuzulassen[8]. Dazu sollte eine dezentrale Strukturierung und Regierung Deutschlands, der sogenannte Föderalismus, beitragen. Zur Gründung eines neuen deutschen Staates bedurfte es einer tragfähigen demokratischen Verfassung. Das entsprechende Grundgesetz wurde vergleichsweise schnell in den Jahren 1948-1949 vom Parlamentarischen Rat, der aus Vertretern der damaligen elf Länder der drei Westzonen bestand, ausgearbeitet. Es sollte allerdings nur als Provisorium gelten[9]. Der Grund dafür war, dass Ostdeutschland durch eine für Westdeutschland formulierte Verfassung nicht grundsätzlich von einer Zusammenführung in einen gemeinsamen deutschen Staat

---

[6] Vgl. Lösche, Peter: Merkmale der Präsidialdemokratie, 2008
[7] Vgl. Lösche, Peter: Merkmale der Präsidialdemokratie, 2008
[8] Vgl. von Beyme, Klaus: Das politische System der Bundesrepublik Deutschland, 1999, S. 39
[9] Ebd. S.49

ausgeschlossen werden sollte. Es wäre naheliegend gewesen, wenn das Grundgesetz entsprechend der amerikanischen Verfassung ausgearbeitet worden wäre. Tatsächlich haben die Siegermächte zugelassen, dass sogar Anlehnungen an die Weimarer Reichsverfassung in die Texte einflossen[10]. In dieser Form wurde das Grundgesetz der BRD am 23.05.1949 verkündet[11]. Zum ersten Bundeskanzler wurde Konrad Adenauer gewählt, der als Vorsitzender des Parlamentarischen Rates maßgeblich an der Formulierung des Grundgesetzes beteiligt war. Kurz darauf folgte die Gründung der DDR am 07.10.1949[12]. Nach den weitgehend friedlichen Aufständen Ende der 1980er Jahre trat die DDR der BRD am 03.10.1990 bei[13]. Das Grundgesetz gilt seitdem für Gesamtdeutschland.

5 Die parlamentarische Demokratie der BRD

Auch die parlamentarische Demokratie folgt dem Prinzip der Gewaltenteilung. Die Legislative wird hier von dem Bundestag wahrgenommen, die Exekutive durch die Bundesregierung und die Judikative durch die Bundes- und Landesgerichte. „Alle Staatsgewalt geht vom Volke aus"[14], so steht es im Grundgesetz. Das Volk ist der sogenannte Souverän, das heißt, dass das Volk die uneingeschränkte Staatsgewalt besitzt. Der Wille des Volkes wird durch den Bundestag vertreten, der wiederum durch alle wahlberechtigten Bürger gewählt wird. Legislative und Exekutive sind grundsätzlich voneinander getrennt. Dennoch sind Bundestag und Bundesregierung als Organe des Regierungssystems aber auch abhängig voneinander, z. B. wenn es um die Zustimmung bei Gesetzesentwürfen geht. Die Regierung braucht das Vertrauen, die Unterstützung und letztlich die Zustimmung des Parlaments. Das Parlament hat eine besondere Befugnis: Es kann sogar die Regierung absetzen.[15]

Im Bundestag sind neben den Vertretern der an der Regierung beteiligten Parteien auch Abgeordnete der Opposition im Bundestag vertreten. Ein weiteres nennenswertes Merkmal des parlamentarischen Regierungssystems ist die Besetzung der Spitze der Exekutive. Diese wird gebildet aus dem Bundeskanzler als Regierungschef und dem Bundespräsidenten, der das Staatsoberhaupt verkörpert. Der Bundespräsident hat allerdings hauptsächlich repräsentative

---

[10] Vgl. Nolte, Paul: Demokratie – Die 101 wichtigsten Fragen, 2015, S. 78
[11] Vgl. Presse- und Informationsamt der Bundesregierung: Grundgesetz für die Bundesrepublik Deutschland, 2019
[12] Ebd.
[13] Vgl. Presse- und Informationsamt der Bundesregierung: Grundgesetz für die Bundesrepublik Deutschland, 2019
[14] Adenauer, Konrad et al.: Artikel 20 Absatz 2 Satz 1 Grundgesetz, 1949
[15] Vgl. Schüttemeyer, Suzanne S.: Die Logik der Parlamentarischen Demokratie, 2007

Aufgaben. Das Kabinett stellt das Regierungsteam dar und besteht aus den Ministern, die auf Vorschlag des Kanzlers vom Bundespräsidenten ernannt werden, und dem Bundeskanzler. Ein weiteres Organ des demokratischen Systems ist der Bundesrat. Im Bundesrat sind die Länder vertreten, die den eingebrachten Gesetzesentwürfen mehrheitlich zustimmen müssen.[16] An der Erstellung und Verabschiedung eines Gesetzes sind also mehrere Institutionen beteiligt: Bundestag, Bundesrat, Bundesregierung und der Bundespräsident.

6   Föderalismus in den USA und in der BRD

Was bedeutet eigentlich Föderalismus? Der Duden definiert den Begriff so: „Streben nach Errichtung oder Erhaltung eines Bundesstaates mit weitgehender Eigenständigkeit der Einzelstaaten"[17]. Dieses Streben ist eine Gemeinsamkeit der demokratischen Systeme in den USA und der BRD und wurde bereits in den ursprünglichen Verfassungen dieser Staaten festgeschrieben. Damit soll eine Dezentralisierung der Macht erreicht und ein Einheitsstaat vermieden werden. Auch sollen die regionalen Gegebenheiten und Interessen der Einzelstaaten dadurch besser vertreten werden.

In der BRD gibt es 16 Bundesländer mit eigener Landesregierung, davon sind drei Stadtstaaten: Berlin, Hamburg und Bremen. Es herrscht eine recht enge Zusammenarbeit zwischen Bund und Ländern, die auch durch den Länderfinanzausgleich gefördert wird[18]. Die Länder sind im Bundesrat vertreten und beteiligen sich über diese politische Einrichtung auch an der Gesetzgebung[19]. Einige Aufgaben werden aber von den Ländern unabhängig vom Bund geregelt, z. B. die Bildungspolitik. Volksentscheide werden nur selten zur Durchsetzung des Bürgerwillens genutzt. Über den Bundesrat können auch Parteien der Opposition Einfluss auf die Gesetzgebung nehmen, da die Zusammensetzung des Bundesrats von den Parteien abhängt, die in den Ländern die Regierung stellen. Die Länder stellen mindestens drei bis höchstens sechs Bundesratsmitglieder abhängig von der Einwohnerzahl[20]. Die unterschiedlichen Interessen von Bund und Ländern bilden zwar stets ein Spannungsfeld zwischen Vielfalt und Einheit[21]. Letztlich ist aber Zusammenarbeit der einzige Weg, um Entscheidungen fällen zu können.

---

[16] Vgl. Schüttemeyer, Suzanne S.: Die Logik der Parlamentarischen Demokratie, 2007
[17] Duden: Föderalismus auf Duden online, 2019
[18] Vgl. Sturm, Roland: Föderalismus in Deutschland - Demokratie als „Leitgedanke" des deutschen Föderalismus, 2013
[19] Vgl. Klaeren, Jutta: Föderalismus in Deutschland, 2013
[20] Vgl. Adenauer, Konrad et al.: Grundgesetz Artikel 51, 1949
[21] Vgl. Sturm, Roland: Föderalismus in Deutschland, 2013

Die USA bestehen aus 50 Einzelstaaten, die aber die Gewaltenteilung für sich sehr unterschiedlich gestalten. Zudem werden Volksentscheide, Volksbegehren, Volksabstimmungen häufig zur direkten Beteiligung der Bürger genutzt. Es ist auch eine direkte Wahl und Abwahl von Politikern und Richtern möglich. In den Anfangsjahren gab es eine klare Trennung von Bund und Einzelstaaten, die später aufgeweicht wurde, auch indem der Bund den Einzelstaaten Zuschüsse für bestimmte Aufgaben gewährte und Aufgaben im Sozialwesen übernahm.[22] Jeder Einzelstaat ist unabhängig von seiner Einwohnerzahl mit zwei Senatoren im Senat vertreten und kann somit Einfluss auf die Verabschiedung von Gesetzentwürfen nehmen. Der Senat kann diese ablehnen oder genehmigen aber nicht verändern.[23] Insgesamt ist die Selbständigkeit der Bundesstaaten bei der politischen Gestaltung sehr groß, was mit der ausgedehnten Fläche der USA und den sehr unterschiedlichen Kulturen begründet ist.

7 Das amerikanische und deutsche Wahlsystem im Vergleich

7.1 Das amerikanische Wahlsystem

Die Wahlgesetze sind in jedem der 50 Bundesstaaten mehr oder weniger unterschiedlich. Alle vier Jahre kommt es in den USA zu einer neuen Wahl des Präsidenten, der höchstens einmal wiedergewählt werden darf. Somit kann er maximal 8 Jahre im Amt bleiben.[24]

Ab 18 Jahren ist man als US-Staatsbürger offiziell wahlberechtigt. Wer in den Staaten wählen möchte, muss sich allerdings zuvor als Wähler registrieren lassen, da es keine durchgängige Meldepflicht gibt. Außer der Wahl in einem Wahllokal ist auch eine Briefwahl möglich. Zu beachten ist, dass nicht alle Bürger berechtigt sind, sich an der Wahl zu beteiligen. Von einer Wahl ausgeschlossen sind zum Beispiel Strafgefangene, wobei die Bundestaaten Maine und Vermont hier eine Ausnahme bilden. Ein lebenslängliches Wahlverbot für Haftentlassene ist sogar in 10 Bundesstaaten möglich.[25]

Die Wahlbeteiligung bei den letzten beiden Präsidentenwahlen war eher gering und lag jeweils unter 60%[26]. Potenzielle Kandidaten für das Präsidentenamt müssen gebürtige Amerikaner,

---

[22] Vgl. Lösche, Peter: US-Föderalismus, 2008
[23] Vgl. Emmerich, Alexander: Geschichte der USA, S. 42, 2008
[24] Vgl. Washington George et al.: Verfassung der Vereinigten Staaten Zusatzartikel XXII Abschnitt I Satz 1, 1791
[25] Vgl. Kuhn, Johannes: Taktieren und diskriminieren - 7 Fakten zum amerikanischen Wahlrecht, 2016
[26] Vgl. Landeszentrale für politische Bildung: Wahlbeteiligung bei Präsidentschaftswahlen in den USA (200 bis 2016), 2016

mindestens 35 Jahre alt sein und seit mindestens 14 Jahren in den USA leben.[27] In den USA wird das sogenannte Mehrheitswahlrecht angewandt, das im Folgenden noch näher beschrieben wird. Die Kandidaten für das Amt des Präsidenten werden indirekt über Wahlmänner gewählt, von denen es insgesamt 538 gibt und die von den Bundestaaten gestellt werden. Jeder Bundestaat und zusätzlich Washington D. C. haben eine bestimmte Anzahl an Wahlmännern, die im Wesentlichen von der Einwohnerzahl abhängt. Die genaue Berechnung ergibt sich aus der Anzahl von Senatoren und Abgeordneten, die dem Staat im Kongress zustehen.[28] Washington D. C. werden abweichend davon 3 Wahlmänner zugesprochen. Um Präsident zu werden, benötigt ein Präsidentschaftskandidat mindestens 270 Stimmen, um damit eine absolute Mehrheit zu erreichen. Für den Fall das beide Kandidaten 269 Stimmen erhalten, entscheidet das Repräsentantenhaus über den Präsidenten.[29] Dieser Fall ist allerdings sehr unwahrscheinlich, wenn man in die Vergangenheit schaut. Die Wahlen zum Präsidenten durchlaufen mehrere Phasen. In den Vorwahlen der Bundestaaten, die ein halbes Jahr vorher stattfinden, werden in einem vergleichsweise komplexen Verfahren die Präsidentschaftskandidaten ermittelt. Dabei spielen die Parteien, in der Regel sind es die Demokraten und die Republikaner, eine große Rolle. Alle weiteren, kleineren Parteien sind eher bedeutungslos.[30]

Bei den Vorwahlen werden zunächst Delegierte ermittelt, die bei den nachfolgenden Nominierungsparteitagen den Präsidentschaftskandidaten bestimmen. Beide kandidieren dann um das höchste Amt und die Wahlmänner stimmen für einen Präsidenten und einen Vize-Präsidenten. Im Vergleich dazu wird der Kongress, der aus dem Repräsentantenhaus mit den Abgeordneten und dem Senat mit den Senatoren besteht, von den Wahlberechtigten direkt gewählt. Im Repräsentantenhaus sitzen maximal 435 Abgeordnete und der Senat besteht aus je 2 Vertretern der Bundesstaaten. Innerhalb der Wahlperiode von 4 Jahren finden nach 2 Jahren erneut Wahlen, die so genannten Midterms, für das Repräsentantenhaus statt. Auch 1/3 des Senats wird alle 2 Jahre neu gewählt. Somit können sich die Machtverhältnisse innerhalb einer Wahlperiode durch direkte Wahlen deutlich verändern.[31]

---

[27] Vgl. Washington, George et al: Verfassung der Vereinigten Staaten Artikel II Abschnitt I Absatz 5, 1787
[28] Vgl. Washington, George et al.: Verfassung der Vereinigten Staaten Artikel II Abschnitt I Satz 2, 1787
[29] Vgl. Landeszentrale für politische Bildung: Wie wird der US-Präsident oder die US-Präsidentin gewählt?, ohne Datum
[30] Vgl. Gersch, Clemens,: Hintergrund: Das amerikanische Wahlsystem, ohne Datum
[31] Vgl. Gersch, Clemens,: Hintergrund: Das amerikanische Wahlsystem, ohne Datum

7.2 Das deutsche Wahlsystem

Zum deutschen Verhältniswahlrecht gehört die Wahl von demokratischen Parteien, die wiederum zuvor mögliche Abgeordnete für das Parlament aufgestellt haben. Der Anteil der Sitze im Bundestag entspricht dabei dem Anteil der Stimmen, die die Partei bekommen hat. Alle 4 Jahre wird der Bundestag neu gewählt[32]. Wahlberechtigt sind alle deutschen Bürger über 18 Jahren[33]. Jeder Deutsche über 18 kann als Abgeordneter gewählt werden. Zur Vorbereitung der Bundestagswahl wird die BRD in 598 Wahlkreise eingeteilt. Jeder Bürger hat zwei Stimmen: Die Erststimme für den Wahlkreisabgeordneten, die Zweitstimme für die Landesliste der Parteien. [34]

Die Landeslisten enthalten die Kandidaten, die für die Partei in den Bundestag einziehen sollen. Für die Wahrung der Vertraulichkeit ist wichtig, dass es sich um eine geheime Wahl handelt und jeder Wahlberechtigte eine Wahlbenachrichtigung per Post erhält. Vor Abgabe der Stimmen muss sich jeder mit einem gültigen Dokument, z. B. Personalausweis, ausweisen. Eine Briefwahl vor dem eigentlichen Wahltag ist ebenfalls möglich. Der Bundestag hat grundsätzlich 598 Sitze entsprechend der Anzahl der Wahlkreise. 299 Sitze werden direkt über die Erststimme vergeben, d. h. durch die Wahl der Abgeordneten aus den Wahlkreisen. Die anderen 299 Sitze werden über die Zweitstimme, d. h. durch die Wahl der Parteien, mit den Kandidaten der Landeslisten besetzt. [35] Die sogenannte 5%-Hürde muss für den Einzug in den Bundestag von den Parteien überschritten werden. Entsprechend dem Anteil der Zweitstimmen, die eine Partei erhalten hat, wird Anteil der Sitze im Bundestag festgelegt und mit den Kandidaten der Landeslisten besetzt. Die in den Wahlkreisen ermittelten Direktkandidaten ziehen unmittelbar in den Bundestag ein. Die zur Verfügung stehenden 598 Sitze können durch Überhang- und Ausgleichmandate überschritten werden[36]. Dieses kann passieren, wenn die Anzahl der Direktkandidaten die zugeteilte Anzahl Sitze überschreitet. Wie wird nun aber der Bundeskanzler gewählt? Es ist das Recht des Bundespräsidenten, einen Kandidaten für das Amt des Bundeskanzlers vorzuschlagen. Die möglichen Kanzlerkandidaten werden in der Regel aber schon im Wahlkampf von den Parteien benannt und dienen so als Orientierungshilfe für den Bundespräsidenten. Die Wahl des Bundeskanzlers wird durch die Mehrheit der Abgeordneten im

---

[32] Vgl. Adenauer, Konrad et al.: Grundgesetz Artikel 39 Satz 1
[33] Vgl. Adenauer, Konrad et al.: Grundgesetz Artikel 38 Satz 2
[34] Vgl. Bundesministerium der Justiz: BWahlG §4
[35] Vgl. Bundesministerium der Justiz: BWahlG § 1
[36] Vgl. Zender, Sebastian: Die Bundestagswahl – wer und was wird eigentlich gewählt?, 2017

Bundestag entschieden. Der Bundespräsident hat dann noch die Aufgabe, den Bundeskanzler zu ernennen.[37]

7.3 Vergleich beider Wahlsysteme

Die Entstehung der Wahlsysteme hat sehr viel mit der Vorgeschichte der USA und der BRD zu tun. Dazu gehört, dass den Gründungen beider Staaten Kriege vorausgingen. Dies war zum einen der siebenjährige Krieg in Amerika und zum anderen der zweite Weltkrieg in Deutschland. Auch wenn diese Ereignisse fast 200 Jahre auseinander liegen, hatten sie doch beide einen großen Einfluss auf die heute bestehende Verfassung in den USA und auf das deutsche Grundgesetz. Es ging jeweils um einen Neuanfang und die Gestaltung demokratischer Systeme nach der totalen Abhängigkeit von einer Diktatur bzw. einer Monarchie. Das ursprüngliche Ziel der amerikanischen Kolonisten war es, mithilfe der Verfassung einen neuen unabhängigen Staat zu gründen. Für die Gründung der BRD war es nach dem verlorenen zweiten Weltkrieg wichtig, eine von den alliierten Siegermächten akzeptierte demokratische Verfassung - das Grundgesetz - zu verfassen, um den Wiederaufbau des Staates zu ermöglichen. George Washington und Konrad Adenauer haben beide maßgeblich an der jeweiligen Verfassung ihres Staates gearbeitet, die dann auch mit kleinen Änderungen übernommen wurden. Eine weitere Gemeinsamkeit ist, dass George Washington der erste Präsident der USA und Konrad Adenauer der erste Bundeskanzler der BRD wurde. Die Verfassungen sind jedoch nicht unveränderlich. Im Laufe der Zeit wurden in beiden Verfassungen Anpassungen vorgenommen. In den USA wurde u. a. die Abschaffung der Sklaverei ergänzt und in Deutschland der Tierschutz aufgenommen. Zu den weiteren Gemeinsamkeiten gehört, dass beide Demokratien auf den Föderalismus aufbauen. Allerdings haben die Bundesstaaten in den USA sehr unterschiedliche Regeln, was die Durchführung von Wahlen und das Verhältnis zur Regierung betrifft. So führen sie ein vergleichsweise eigenständiges politisches Leben. In Deutschland ist dagegen eine engere Verbindung zwischen Bund und Ländern zu bemerken, weil bei politischen Entscheidungen Zusammenarbeit wichtig ist.[38] Das eigentliche Ziel der Wahl in den USA ist, einen Präsident zu wählen, der Regierungschef und Staatsoberhaupt ist. In Deutschland ist es grundsätzlich das Ziel, die Zusammensetzung des Bundestages zu bestimmen. Es werden dabei zwei sehr verschiedene Wahlrechte genutzt. Das Mehrheitswahlrecht gilt in den USA und das Verhältniswahlrecht in der BRD. Eine Gemeinsamkeit ist, dass in beiden Staaten Bürger ab dem 18 Lebensjahr wählen

---

[37] Vgl. Adenauer, Konrad et al.: Grundgesetz Artikel 63 Satz 1 und 2 und Artikel 64 Satz 1, 1949
[38] Vgl. Sturm, Roland: Föderalismus in Deutschland, 2013

dürfen. Allerdings gibt es verschiedene Gruppen, denen es nicht erlaubt ist, zu wählen. Dies ist in allen Staaten der USA unterschiedlich geregelt. Aber auch in Deutschland gibt es Menschen, die nicht dazu in Lage sind oder denen es verboten wurde. Dies kann z. B. der Fall sein, wenn durch eine richterliche Entscheidung eine Betreuung der betroffenen Person notwendig ist. Eine Registrierung vor den Wahlen wie in den USA ist in der BRD nicht erforderlich, da hier eine Meldepflicht beim jeweiligen Einwohnermeldeamt besteht. Die Amtszeit des amerikanischen Präsidenten und auch die des Bundeskanzlers beträgt 4 Jahre. In Deutschland gibt es für die Wiederwahl des Bundeskanzlers keine Beschränkungen, wogegen der Präsident der USA höchstens 8 Jahre sein Amt behalten kann.

7.4 Vor- und Nachteile beider Wahlsysteme

Zunächst ist es wichtig, die Risiken und Chancen der beiden sehr unterschiedlichen Wahlsysteme zu erkennen. „The winner takes it all"[39], so wird das Mehrheitswahlrecht in den USA häufig umschrieben. Dabei ist zu kritisieren, dass bei einer Präsidentschaftswahl der Gewinner eines Bundesstaates 100% der Wahlmänner bekommt. Egal wie knapp das Ergebnis ausgefallen ist, der Verlierer und somit auch die Stimmen der Menschen, die ihn gewählt haben, werden komplett ignoriert. Als Beispiel könnte man die Präsidentschaftswahl von 2016 in den USA nehmen, bei der Hillary Clinton zwar die Mehrheit aller Stimmen der Wähler bekam, aber dennoch nicht genügend Wahlmänner auf ihrer Seite hatte[40]. Der Gegenkandidat Donald Trump konnte die Präsidentschaftswahl für sich gewinnen, da er in einigen Bundestaaten mit knapper Stimmenmehrheit alle Wahlmänner hinter sich brachte.

Das Verhältniswahlrecht in der BRD folgt dagegen dem Prinzip, dass Stimmen und Sitze im Parlament sich entsprechen. Es hat den entscheidenden Vorteil, dass der Anteil der erhaltenen Wählerstimmen mit den Sitzen im Parlament übereinstimmt und somit keine Stimme wirklich verloren geht. Die Begrenzung der Amtszeit des amerikanischen Präsidenten auf acht Jahre vermeidet einen Gewöhnungseffekt bei den Wählern aber auch bei dem Amtsinhaber. Eine unbegrenzte Amtszeit ermöglicht allerdings, dass man über einen längeren Zeitraum seine Ziele verfolgen und erreichen kann. Die direkte Wahl gestattet es den Wählern, sich schon im Voraus genau über die Präsidentschaftskandidaten informieren zu können. Dies ist in Deutschland im Prinzip anders, da durch die indirekte Wahl zunächst nur Parteien und Abgeordnete bestimmt

---

[39] Korte, Karl-Rudolf: The Winner takes it all?, 2008
[40] Vgl. Gersch, Clemens: Hintergrund: Das amerikanische Wahlsystem, ohne Datum

werden. Die Wahlkämpfe zeigen aber, dass hier bereits Kanzlerkandidaten von den Parteien benannt werden. Allein der Bundespräsident schlägt schließlich einen möglichen Bundeskanzler vor, der vom Bundestag gewählt werden kann. Die Wahrscheinlichkeit ist allerdings sehr groß, dass es einer der von den Regierungsparteien ausgewählten Kandidaten ist. Das wesentliche Risiko für die Demokratie im Wahlsystem der USA besteht in den Regelungen zur Wahlberechtigung. So führen die vielen Ausschlüsse in den USA dazu, dass Millionen US-Bürger kein Stimmrecht haben. Weiterhin bleiben viele Wahlberechtigte der Abstimmung fern, weil sie die umständliche Registrierung nicht vornehmen wollen. Die Folge daraus ist, dass die Wahlbeteiligung bei den letzten Wahlen unter 60% lag. Damit ist zumindest unsicher, ob der gewählte Präsident tatsächlich von der Mehrheit des Volkes getragen wird. In der BRD liegt die Wahlbeteiligung bei Bundestagswahlen nennenswert höher. Bei der Bundestagwahl im Jahr 2017 lag die Zahl der Beteiligten immerhin bei 76,2%[41].

8 Fazit

Nach den vorangegangenen Betrachtungen, kann man sich jetzt die Frage stellen, welches der beiden Wahlsysteme demokratischer ist. Wie in der vorliegenden Arbeit deutlich geworden ist, gibt es in beiden Systemen dazu sowohl positive als auch negative Aspekte.

In Bezug auf die Geschichte der USA und der BRD lässt sich feststellen, dass neuen politischen Systemen jeweils langjährige Kriege vorausgingen und das Ende dieser Katastrophen als Chance genutzt wurde, um demokratische Verfassungen zu erhalten. Die darin enthaltenen Bestimmungen für die Durchführung von Wahlen auf Bundesebene unterscheiden sich stark, wegen der abweichenden Geschichte, Geographie und Kultur. Der Föderalismus führt aber in beiden Staaten zu einer besseren Vertretung der regionalen Interessen und Vermeidung von Machtkonzentration, wobei sich Verzögerungen bei den politischen Entscheidungen nicht vermeiden lassen. Die USA kennen im Wahlkampf im Prinzip nur zwei Parteien, was Vielfalt und einen größeren Wettbewerb verhindert. Das sogenannte Mehrheitswahlrecht, ist nicht wirklich demokratisch, wenn die Interessen der breiten Bevölkerung berücksichtigt werden sollen. Der schlimmste Aspekt ist allerdings die große Anzahl der Menschen, die sich u. a. aufgrund von Straftaten oder versäumter Registrierung nicht an der Wahl beteiligen oder beteiligen dürfen. Im Gegensatz zu den USA stehen im Wahlkampf in der BRD eine größere Anzahl von bedeutenden Parteien und folglich auch mehr politische Programme zur Verfügung, die später auch

---

[41] Vgl. Der Bundeswahlleiter: Wahl zum 19. Deutschen Bundestag am 24. September 2017

im Parlament, entweder in der Regierung oder der Opposition, vertreten sind. Hier gibt es das aus meiner Sicht deutlich gerechtere Verhältniswahlrecht, bei dem im Prinzip keine Stimme verloren geht, solange die gewählte Partei die 5%-Grenze überschreitet.

Auch wenn es kein ideales Wahlsystem gibt, kann immer durch eine möglichst hohe Wahlbeteiligung die demokratische Berechtigung den Bürgerwillen zu vertreten, gefördert werden. Eine Motivation für die Wähler in den USA ist die direkte Wahl von Kandidaten, weil sie die Präsidentschaftskandidaten oder Senatoren schon vor der Wahl kennen. Die große Macht des US-Präsidenten ist kritisch zu bewerten, da er bedeutende Entscheidungen alleine fällen kann und Machtmissbrauch zu befürchten ist.

Insgesamt würde ich das deutsche Verhältniswahlrecht als demokratischer einstufen, da hier auch die Interessen kleinerer Parteien berücksichtigt werden und die Wahlbeteiligung deutlich höher ist. Das Mehrheitswahlrecht der USA mit den Wahlmännern ist aus meiner Sicht nicht mehr zeitgemäß im Zeitalter der Informationstechnologien. Die Bürger können sich heute selbst leicht ein Bild von den Politikern und deren Absichten machen und sind nicht auf Wahlmänner, die Ihnen die Entscheidung abnehmen, angewiesen.

Diese Arbeit betrachtet, wie zu Beginn gesagt, nicht alle Ebenen und Einzelheiten der Wahlsysteme, insbesondere wenn es über die Bundesebene hinausgeht. Für zukünftige Arbeiten wäre ein Vergleich der Wahlsysteme auf der Ebene der Bundesländer bzw. der Bundesstaaten interessant, um herauszufinden, wie die regionalen Interessen vertreten werden können. Zudem wurde die Rolle der politischen Parteien in dieser Arbeit nur ansatzweise behandelt. Deren Verhalten und Einfluss im Wahlkampf und danach ist aber für die Demokratie von großer Bedeutung.

9 Literaturverzeichnis

9.1 Buchquellen

Adenauer, Konrad et al.: Grundgesetz Artikel 20 Absatz 2 Satz 1, Artikel 38 Satz 2, Artikel 39 Satz 1, Artikel 51, Artikel 63 Satz 1 und 2, Artikel 64 Satz 1

Baumgärtner, Ulrich, Prof. Dr. et al.: Zeit für Geschichte – Krisen Umbrüche und Revolutionen, Bildungshaus Schulbuchverlage, Braunschweig 2018, S. 22-23 und 34-36

von Beyme, Klaus: Das politische System der Bundesrepublik Deutschland, Westdeutscher Verlag, Opladen/Wiesbaden 1999, S. 39 und 49

Dippel, Horst: Geschichte der USA, Verlag C. H. Beck, München 2003, S. 30-31, S. 36-37, S. 41,-42, S. 46-47

Emmerich, Alexander: Geschichte der USA, Konrad Theiss Verlag, Stuttgart 2008 S.42 bis 43

Nolte, Paul: Demokratie - Die 101 wichtigsten Fragen, Verlag C. H. Beck, München 2015 S.78

Washington, George et al.: Verfassung der Vereinigten Staaten Artikel II Abschnitt I Satz 2, Artikel II Abschnitt I Absatz 5, Zusatzartikel XXII Abschnitt I Satz 1

9.2 Internetquellen

Bundesministerium der Justiz und für Verbraucherschutz: BWahlG §1 und §4, 2017, https://www.gesetze-im-internet.de/bwahlg, besucht am 02.03.2019 um 20:13 Uhr

Der Bundeswahlleiter: Wahl zum 19. Deutschen Bundestag am 24. September 2017, https://www.bundeswahlleiter.de/dam/jcr/e0d2b01f-32ff-40f0-ba9f-50b5f761bb22/btw17_heft4.pdf, besucht am 10.03. 2019 um 15:28 Uhr

Dörnfelder, Andreas: Wie funktioniert das amerikanische Wahlsystem?, 2016, https://orange.handelsblatt.com/artikel/16046, besucht am 28.02.2019 um 19:16 Uhr

Duden online: Föderalismus, https://www.duden.de/node/689398/revisions/1998065/view, besucht am 27.02.2019 um 17:54 Uhr

Gersch, Clemens: Hintergrund: Das amerikanische Wahlsystem, ohne Datum, https://www.planet-schule.de/wissenspool/usa-wahl/inhalt/hintergrund/das-wahlsystem.html, besucht am 01.03.2019 um 14:15 Uhr

Klaeren, Jutta: Föderalismus in Deutschland, 2013, http://www.bpb.de/izpb/159330/editorial, besucht am 27.02.2019 um 18:27 Uhr

Korte, Karl-Rudolf: The Winner takes it all? - Das Wahl- und Parteiensystem der USA, 2008, http://www.bpb.de/internationales/amerika/usa/10667/wahl-und-parteiensystem?p=all, besucht 09.03.2019 um 11:56 Uhr

Kuhn, Johannes: Taktieren und diskriminieren: 7 Fakten zum amerikanischen Wahlrecht, 2016, https://www.sueddeutsche.de/politik/us-wahl-taktieren-und-diskriminieren-fakten-zum-amerikanischen-wahlrecht-1.3193471, besucht am 28.02.2019 um 18:05 Uhr

Landeszentrale für politische Bildung: Wie wird der US-Präsident oder die US-Präsidentin gewählt?, ohne Datum, http://www.uswahl.lpb-bw.de/wahlsystem_usa.html, besucht am 03.03.2019 um 20:33 Uhr.

Landeszentrale für politische Bildung: Wahlbeteiligung bei Präsidentschaftswahlen in den USA (200 bis 2016), 2016, http://www.uswahl.lpb-bw.de/wahlverhalten_grafik.html, besucht am 09.03.2019 um 18:12 Uhr.

Lösche, Peter: Merkmale der Präsidialdemokratie, 2008, www.bpb.de/internationales/amerika/usa/10640/praesidialdemokratie, besucht am 21.02.2019 um 16:32 Uhr

Lösche, Peter: US-Föderalismus, 2008 http://www.bpb.de/internationales/amerika/usa/10653/us-foederalismus, besucht am 27.02.2019 um 19:49 Uhr

Presse- und Informationsamt der Bundesregierung: Grundgesetz für die Bundesrepublik Deutschland, 2019, http://www.bpb.de/izpb/8377/die-logik-der-parlamentarischen-demokratie besucht am 03.03.2019 um 19:46 Uhr

Schüttemeyer, Suzanne S.: Die Logik der Parlamentarischen Demokratie, 2007, http://www.bpb.de/izpb/8377/die-logik-der-parlamentarischen-demokratie, besucht am 25.02.2019 um 16:23 Uhr

Sturm, Roland: Föderalismus in Deutschland - Demokratie als „Leitgedanke" des deutschen Föderalismus, 2013, http://www.bpb.de/izpb/159332/demokratie-als-leitgedanke-des-deutschen-foederalismus, besucht am 27.02.2019 um 19:02 Uhr

Washington, George et al.: Verfassung der USA, Artikel II Abschnitt I Satz 2, Artikel II Abschnitt I Absatz 5, Zusatzartikel XXII Abschnitt I Satz 1, Art. II Absatz 1, https://www.senate.gov/civics/constitution_item/constitution.htm, besucht am 22.02.2019 um 17:02 Uhr

Zender, Sebastian: Die Bundestagswahl – wer und was wird eigentlich gewählt?, 2017, https://www.helles-koepfchen.de/artikel/2857.html, besucht am 27.02.2019 um 16:26 Uhr